# FUNÉRAILLES
## DE L'EMPEREUR
# NAPOLÉON.

### RELATION OFFICIELLE.

Deuxième Édition.

PARIS.

## L. CURMER,

RUE DE RICHELIEU, **49**, AU PREMIER.

15 DÉCEMBRE 1840.

# LIBRAIRIE DE L. CURMER,

### RUE DE RICHELIEU, 49, AU PREMIER.

Notre librairie réunit tout ce que les personnes pieuses peuvent rechercher et désirer. Indépendamment des livres publiés par nous, TOUTES LES ÉDITIONS DE LIVRES DE PIÉTÉ IMPRIMÉS A PARIS sont réunies dans nos magasins : chaque exemplaire est vendu au même prix que chez l'éditeur même, mais orné de gravures très-soignées et spéciales, faites pour nous et notre propriété; de titres en couleur, de prières entourées d'ornements, de manière à faire de chaque livre un livre ayant un caractère particulier et ne ressemblant à aucun autre. Cet arrangement, qui n'est possible que chez nous, est l'objet de tous nos soins.

Nous offrons cette année le DISCOURS SUR L'HISTOIRE UNIVERSELLE, le plus magnifique livre de la librairie; les HEURES NOUVELLES, illustrées par FRÉDÉRIC OVERBECK, approuvées par Monseigneur L'ARCHEVÊQUE DE PARIS. M. l'abbé *Dassance*, qui s'est acquis une si juste réputation par sa belle traduction de l'*Imitation* et des *Saints Évangiles*, a mis tous ses soins à faire de ce livre d'heures un ouvrage aussi parfait que possible : l'exactitude et l'interprétation scrupuleuse du texte ont été l'objet de ses efforts, et les honorables suffrages qu'il a obtenus sont une garantie de la supériorité de ce beau travail. LES FRANÇAIS, ouvrage de littérature et d'étude de mœurs; LA GRÈCE PITTORESQUE, important ouvrage, d'un prix très-modéré, et chef-d'œuvre de gravure et de typographie; LES PRIÈRES DE L'ÉGLISE, charmant recueil de jolies prières entourées de vignettes coloriées; un joli *Missel gothique*, imprimé en gothique, et pouvant servir à intercaler les prières coloriées que nous avons publiées; LÉNORE, LE CONSEILLER KRESPEL, premières livraisons de LA PLÉIADE, *contes*, *légendes*, *fabliaux* de toutes les littératures anciennes et modernes. Ces nouveautés viendront se grouper heureusement autour de nos publications précédentes, telles que l'*Imitation de Jésus-Christ*, les *Saints Évangiles*, *Paul et Virginie*, etc., etc.

Indépendamment de nos livres personnels, nous réunirons dans nos salons un choix des plus belles publications de la librairie parisienne et étrangère, afin que les personnes qui veulent bien nous visiter trouvent chez nous tout ce qui peut les satisfaire.

Paris. — Imprimerie et Fonderie de RIGNOUX, rue des Francs-Bourgeois-Saint-Michel, 8.

# FUNÉRAILLES
## DE L'EMPEREUR
# NAPOLÉON.

## RELATION OFFICIELLE

DE

## LA TRANSLATION DE SES RESTES MORTELS

DEPUIS L'ILE SAINTE-HÉLÈNE JUSQU'A PARIS,

ET

## DESCRIPTION DU CONVOI FUNÈBRE.

**Illustrée par des gravures sur bois,**

EXÉCUTÉES D'APRÈS LES MODÈLES ORIGINAUX.

DESSINS DE DAUBIGNY. — GRAVURE DE LACOSTE PÈRE ET FILS, etc.

𝔓ubliée par 𝔉erdinand 𝔏anglé.

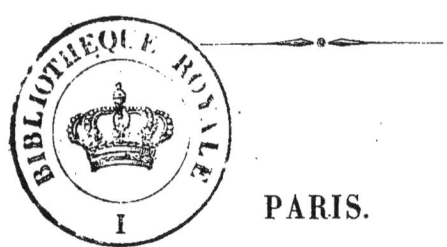

PARIS.

## L. CURMER,

RUE DE RICHELIEU, 49, AU PREMIER.

M DCCC XL.

**Imprimerie et Fonderie de Rignoux.**

# FUNÉRAILLES
# DE NAPOLÉON.

LOI RELATIVE A LA TRANSLATION DES RESTES MORTELS DE L'EMPEREUR.

APOLÉON reposera, selon son dernier vœu, sur les rivages de la Seine.

Au ROI LOUIS-PHILIPPE appartient l'honneur d'avoir rendu à la France la dépouille mortelle du grand homme qui présida si glorieusement à ses destinées.

Voici les termes dans lesquels cette résolution a été annoncée à la Chambre des députés, le 12 mai 1840, par le ministre de l'intérieur :

« Messieurs, le Roi a ordonné à S. A. R. Mgr le prince de Joinville de se rendre
« avec sa frégate à l'île Sainte-Hélène pour y recueillir les restes mortels de l'Em-
« pereur Napoléon...

« La frégate chargée des restes mortels de Napoléon se présentera, au retour, à
« l'embouchure de la Seine ; un autre bâtiment les rapportera jusqu'à Paris : ils seront
« déposés aux Invalides. Une cérémonie solennelle, une grande pompe religieuse et
« militaire inaugurera le tombeau qui doit les garder à jamais.

« Il importe, en effet, Messieurs, à la majesté d'un tel souvenir, que cette sépul-
« ture auguste ne demeure pas exposée sur une place publique, au milieu d'une foule
« bruyante et distraite. Il convient qu'elle soit placée dans un lieu silencieux et sacré,
« où puissent la visiter avec recueillement tous ceux qui respectent la gloire et le
« génie, la grandeur et l'infortune.

« Il fut Empereur et Roi ; il fut le souverain légitime de notre pays. A ce titre, il
« pourrait être inhumé à Saint-Denis ; mais il ne faut pas à Napoléon la sépulture
« ordinaire des rois : il faut qu'il règne et commande encore dans l'enceinte où vont
« se reposer les soldats de la patrie, et où iront toujours s'inspirer ceux qui seront
« appelés à la défendre. Son épée sera déposée sur sa tombe.

« L'art élèvera sous le dôme, au milieu du temple consacré par la religion au dieu
« des armées, un tombeau digne, s'il se peut, du nom qui doit y être gravé. Ce mo-
« nument doit avoir une beauté simple, des formes grandes, et cet aspect de solidité
« inébranlable qui semble braver l'action du temps. Il faut à Napoléon un monument
« durable comme sa mémoire.

« Le crédit que nous venons demander aux Chambres a pour objet la translation aux
« Invalides, la cérémonie funéraire, la construction du tombeau.

« Nous ne doutons pas, Messieurs, que la Chambre ne s'associe, avec une émotion
« patriotique, à la pensée royale que nous venons exprimer devant elle. Désormais
« la France, et la France seule, possédera tout ce qui reste de Napoléon : son tom-
« beau, comme sa renommée, n'appartiendra à personne qu'à son pays.

« La monarchie de 1830 est, en effet, l'unique et légitime héritière de tous les sou-
« venirs dont la France s'enorgueillit. Il lui appartenait, sans doute, à cette monar-
« chie qui, la première, a rallié toutes les forces et concilié tous les vœux de la
« révolution française, d'élever et d'honorer sans crainte la statue et la tombe d'un
« héros populaire ; car il y a une chose, une seule, qui ne redoute pas la comparai-
« son avec la gloire, c'est la liberté. »

On sait avec quel enthousiasme ces belles paroles furent accueillies par toute la
France. Les Chambres, en votant un crédit provisoire d'un million, répondirent
dignement à la noble pensée du Roi.

### PRÉPARATIFS DU VOYAGE.

Aussitôt après le vote des Chambres, le gouvernement s'empressa d'ordonner les
préparatifs du voyage.

M. Baudouin, directeur des pompes funèbres, fut chargé de la confection du
nouveau cercueil de Napoléon, et du poêle impérial destiné à le recouvrir.

Ce cercueil, dont la forme simple et sévère rappelle celle des sarcophages antiques, est sans ornements, et seulement couronné par un entablement et des moulures; sa longueur est de 2 mètres 56 centimètres, sa largeur de 1 mètre 5 centimètres, sa hauteur totale de 76 centimètres.

Il est en bois d'ébène massif, d'une teinte noire si uniforme et d'un poli si fin, si brillant, qu'il simule le marbre. Sur la plate-forme, on lit pour toute inscription en lettres d'or : NAPOLÉON. Au milieu de chacune des faces du cercueil se trouvent incrustés, dans des médaillons circulaires, des N de bronze doré et gravés en relief. Sur les grands et petits côtés de ce cercueil, on a placé six forts anneaux en bronze, tournant sur leur tige, pour servir à le transporter lors de la cérémonie. Les angles inférieurs sont garnis d'ornements en bronze. A la partie antérieure du cercueil se trouve une serrure dont l'entrée est masquée par une étoile d'or que l'on retire en la tournant. La clef qui ouvre cette serrure est en fer par le bas, et en bronze doré par le haut; l'anneau représente un N couronné. Le sarcophage d'ébène contient un cercueil en plomb, sur lequel sont gravées en creux des branches de laurier et des arabesques. Au centre de cet encadrement on lit :

NAPOLÉON
EMPEREUR ET ROI
MORT A SAINTE-HÉLÈNE
LE V MAI
M DCCC XXI.

Le poêle funéraire est en velours violet, entouré d'hermine. La première bordure présente des arabesques en or; la bordure supérieure est formée de palmettes; les quatre coins présentent des médaillons à l'aigle impériale. Le chiffre de l'Empereur est répété huit fois dans toute l'étendue du poêle, qui est semé d'abeilles d'or, croisé de brocard d'argent, et terminé aux angles par quatre gros glands en or.

### DÉPART DE L'EXPÉDITION.

Le 2 juillet, M<sup>gr</sup> le prince de Joinville quitte Paris, et, le 6, il arrive à Toulon, à bord de la frégate *la Belle-Poule*, qui était déjà disposée de la manière suivante pour sa pieuse destination :

Dans l'entre-pont, une chapelle ardente tendue en velours noir brodé d'argent, et contenant le cénotaphe impérial. Ce cénotaphe, dans la forme des sarcophages romains, est peint en grisaille, et présente sur ses grandes faces deux bas-reliefs allégoriques, l'Histoire et la Justice ; sur les deux autres faces, la croix de la Légion d'honneur et la Religion ; aux angles, quatre aigles, et sur le haut du fronton, la couronne impériale.

Le 7 juillet, à sept heures et demie du soir, la frégate *la Belle-Poule* appareille de Toulon ; la corvette *la Favorite,* commandée par M. Guyet, l'accompagne.

A bord de *la Belle-Poule* montent, avec M<sup>gr</sup> le prince de Joinville, M. le capitaine de vaisseau Hernoux, son aide de camp ; M. l'enseigne Touchard, son officier d'ordonnance ; M. le comte de Rohan-Chabot, commissaire du Roi ; M. le baron de Las Cases, membre de la Chambre des députés ; M. le général Gourgaud, aide de camp du Roi ; M. le général comte Bertrand ; M. l'abbé Coquereau, aumônier de l'expédition ; et les quatre anciens serviteurs de Napoléon, MM. Saint-Denis et Noverraz, valets de chambre ; Pierron, officier de bouche, et Archambauld, piqueur.

M. Marchand, exécuteur testamentaire de Napoléon, celui dont il a dit : « Les services qu'il m'a rendus sont ceux d'un ami », prend passage sur *la Favorite.*

### RETOUR DE L'EXPÉDITION.

Depuis l'avis donné par M<sup>gr</sup> le prince de Joinville de sa relâche au Brésil au commencement de septembre, le gouvernement n'avait reçu aucune nouvelle de l'expédition; enfin, le 30 novembre, on apprend qu'elle a mouillé à Cherbourg le jour même, à cinq heures du matin, après une heureuse traversée. Le lendemain, 1<sup>er</sup> décembre, on reçoit les rapports suivants :

RAPPORT DE M<sup>GR</sup> LE PRINCE DE JOINVILLE AU MINISTRE DE LA MARINE.

« En rade de Cherbourg, 30 novembre 1840.

«Monsieur le Ministre,

« Ainsi que j'ai eu l'honneur de vous l'annoncer, je suis parti le 14 septembre de la baie de Tous-les-Saints, j'ai prolongé la côte du Brésil avec des vents d'est qui, ayant hâlé le nord-est et le nord, m'ont permis d'atteindre promptement le méridien de Sainte-Hélène, sans que j'aie eu à dépasser le parallèle de 28 degrés sud. Arrivé sur ce méridien, des calmes et des folles-brises m'ont causé quelque retard. Le 8 octobre, je mouillais sur la rade de James-Town.

« Le brick *l'Oreste*, détaché par M. le vice-amiral de Mackau pour remettre à *la Belle-Poule* un pilote de la Manche, était arrivé la veille. Ce bâtiment ne m'apportant aucune instruction nouvelle, je me suis occupé immédiatement des ordres que j'avais précédemment reçus.

« Mon premier soin a été de mettre M. de Chabot, commissaire du Roi, en rapport avec M. le général Middlemore, gouverneur de l'île. Ces messieurs avaient à régler, selon leurs instructions respectives, la manière dont il devait être procédé à l'exhumation des restes de l'Empereur, et à leur translation à bord de *la Belle-Poule*. L'exécution des projets arrêtés fut fixée au 15 octobre.

« Le gouverneur voulut se charger de l'exhumation et de tout ce qui devait avoir lieu sur le territoire anglais. Pour moi, je réglai les honneurs à rendre, dans les journées du 15 et du 16, par la division placée sous mes ordres. Les navires du commerce français *la Bonne-Aimée*, capitaine Gallet, et *l'Indien*, capitaine Truquetil, s'associèrent à nous avec empressement.

« Le 15, à minuit, l'opération a été commencée en présence des commissaires français et anglais, M. de Chabot et le capitaine Alexander R. E. Ce dernier dirigeait les travaux. M. de Chabot, rendant au gouvernement un compte circonstancié des opérations dont il a été le témoin, je crois pouvoir me dispenser d'entrer dans les mêmes détails; je me bornerai à vous dire qu'à dix heures du matin le cercueil était à découvert dans la fosse. Après l'en avoir retiré intact, on procéda à son ouverture, et le corps fut trouvé dans un état de conservation inespéré. En ce moment solennel, à la vue des restes si reconnaissables de celui qui fit tant pour les gloires de la France, l'émotion fut profonde et unanime.

« A trois heures et demie, le canon des forts annonçait à la rade que le cortége funèbre se mettait en marche vers la ville de James-Town. Les troupes de la milice et de la garnison précédaient le char, recouvert du drap mortuaire, dont les coins étaient tenus par les généraux Bertrand et Gourgaud, et par MM. de Las Cases et Marchand; les autorités et les habitants suivaient en foule. Sur la rade, le canon de la frégate avait répondu à celui des forts, et tirait de minute en minute; depuis le matin, les vergues étaient en pantenne, les pavillons à mi-mât, et tous les navires français et étrangers s'étaient associés à ces signes de deuil. Quand le cortége a paru sur le quai, les troupes anglaises ont formé la haie, et le char s'est avancé lentement vers la plage.

« Au bord de la mer, là où s'arrêtaient les lignes anglaises, j'avais réuni autour de moi les officiers de la division française. Tous, en grand deuil et la tête découverte, nous attendions l'approche du cercueil; à vingt pas de nous, il s'est arrêté, et le général gouverneur, s'avançant vers moi, m'a remis, au nom de son gouvernement, les restes de l'empereur Napoléon.

« Aussitôt le cercueil a été descendu dans la chaloupe de la frégate, disposée pour le recevoir, et là encore l'émotion a été grave et profonde; le vœu de l'Empereur mourant commençait à s'accomplir : ses cendres reposaient sous le pavillon national.

« Tout signe de deuil a été dès lors abandonné ; les mêmes honneurs que l'Empereur aurait reçus de son vivant ont été rendus à sa dépouille mortelle ; et c'est au milieu des salves des navires pavoisés, avec leurs équipages rangés sur les vergues, que la chaloupe, escortée par les canots de tous les navires, a pris lentement le chemin de la frégate.

« Arrivés à bord, le cercueil a été reçu entre deux rangs d'officiers sous les armes, et porté sur le gaillard d'arrière, disposé en chapelle ardente. Ainsi que vous me l'avez prescrit, une garde de soixante hommes, commandés par le plus ancien lieutenant de la frégate, rendait les honneurs. Quoiqu'il fût déjà tard, l'absoute fut dite, et le corps resta ainsi exposé toute la nuit : M. l'aumônier et un officier ont veillé près de lui.

« Le 16, à dix heures du matin, les officiers et équipages des navires de guerre et de commerce français étant réunis à bord de la frégate, un service funèbre solennel fut célébré ; on descendit ensuite le corps dans l'entre-pont, où une chapelle ardente avait été préparée pour le recevoir.

« A midi, tout était terminé, et la frégate en appareillage ; mais la rédaction des procès-verbaux a demandé deux jours, et ce n'est que le 18 au matin que *la Belle-Poule* et *la Favorite* ont pu mettre sous voiles ; *l'Oreste,* parti en même temps, a fait route pour sa destination.

« Après une traversée heureuse et facile, je viens de mouiller sur rade de Cherbourg, à cinq heures du matin.

« Veuillez, amiral, recevoir l'assurance de mon respect.

« Le capitaine de *la Belle-Poule,*

« Signé : F. D'ORLÉANS. »

ACTE D'EXHUMATION ET DE REMISE DES RESTES DE NAPOLÉON.

« Nous soussignés, Philippe-Ferdinand-Auguste de Rohan-Chabot, chevalier de l'ordre royal de la Légion d'honneur, secrétaire d'ambassade, commissaire, en vertu de pouvoirs reçus de Sa Majesté le Roi des Français, pour présider, au nom de la France, à l'exhumation et à la translation des restes mortels de l'Empereur Napoléon, ensevelis dans l'île de Sainte-Hélène, et à leur remise, par l'Angleterre, à la France, conformément aux décisions des deux gouvernements, d'une part ;

« Et Charles Corsan Alexander, capitaine commandant le corps royal du génie à Sainte-Hélène, député par Son Excellence le major général Middlemore, compagnion du Bain, gouverneur commandant en chef les forces de Sa Majesté Britannique à Sainte-Hélène, pour présider, au nom de Son Excellence, à ladite exhumation, de l'autre part :

« Nous étant préalablement communiqué nos pouvoirs respectifs, trouvés en bonne forme, nous nous sommes rendus cejourd'hui, 15 du présent mois d'octobre de l'année 1840, au lieu de la sépulture de l'Empereur Napoléon, pour surveiller et diriger personnellement toutes les opérations de l'exhumation et de la translation.

« Arrivés à la vallée dite de Napoléon, nous avons trouvé le tombeau gardé, d'après les ordres de Son Excellence le gouverneur, par un détachement du 91e régiment d'infanterie anglaise, commandé par le lieutenant Barney, chargé d'en écarter toute personne qui n'aurait pas été désignée par l'un de nous comme devant assister à la cérémonie ou prendre part aux travaux.

« Sont alors entrés dans l'enceinte réservée ainsi autour du tombeau :

« Du côté de la France,

« M. le baron de Las Cases, membre de la Chambre des députés, conseiller d'Etat; M. le baron Gourgaud, lieutenant général, aide de camp du Roi; M. Marchand, l'un des exécuteurs testamentaires de l'Empereur; M. le comte Bertrand, lieutenant général, accompagné de M. Arthur Bertrand, son fils; M. l'abbé Félix Coquereau, aumônier de la frégate *la Belle-Poule*, et deux enfants de chœur; MM. Saint-Denis, Noverraz, Archambauld, Pierron, anciens serviteurs de l'Empereur; M. Guyet, capitaine de corvette, commandant la corvette *la Favorite*; M. Charner, capitaine de corvette, commandant en second de la frégate *la Belle-Poule*; M. Doret, capitaine de corvette, commandant le brick *l'Oreste*; M. le docteur Guillard, chirurgien-major de la frégate *la Belle-Poule*, suivi du sieur Leroux, ouvrier plombier;

« Et du côté de l'Angleterre,

« Son Honneur le gouverneur juge William Wilde, membre du conseil colonial de l'île de Sainte-Hélène; l'honorable Hamelin Trelawney, lieutenant-colonel, commandant l'artillerie, et membre du conseil; l'honorable colonel Hobson, membre du conseil; M. H. Seale, secrétaire colonial du gouvernement de Sainte-Hélène, et lieutenant-colonel de la milice; M. Edward Littlehales, lieutenant de la marine royale, commandant la goëlette de Sa Majesté Britannique *Dolphin*, représentant la marine; M. Darling, qui avait surveillé les travaux de la sépulture de l'Empereur.

« Les personnes destinées à diriger et à exécuter les travaux ont été ensuite admises.

« Alors, en notre présence, et en celle des seules personnes ci-dessus désignées, il a été constaté que le tombeau était parfaitement intact, et, dans le plus grand silence, les premiers travaux ont commencé entre minuit et une heure du matin.

« Nous avons fait d'abord enlever la grille en fer qui entourait le tombeau, avec les fortes couches de pierres cramponnées sur lesquelles elle était scellée; on a pu entamer alors la surface extérieure de la tombe, laquelle, recouvrant un espace de 3 mètres 46 centimètres (11 pieds 6 pouces anglais) de longueur, sur 2 mètres 46 centimètres (8 pieds 1 pouce) de largeur, était composée de trois dalles de 15 centimètres (6 pouces) d'épaisseur, encadrées dans une seconde bordure de maçonnerie. A une heure et demie, cette première couche était entièrement enlevée.

« Il s'est présenté alors un mur rectangulaire formant, comme nous avons pu le vérifier plus tard, les quatre faces latérales d'un caveau, ayant 3 mètres 30 centimètres (11 pieds) de profondeur, et 1 mètre 40 centimètres (4 pieds 8 pouces) de largeur, et 2 mètres 40 centimètres (8 pieds) de longueur. Ce caveau était entièrement rempli de terre jusqu'à une distance de 15 centimètres (6 pouces) environ de la couche des dalles déjà enlevées. Après avoir creusé dans ce caveau et en avoir retiré la terre, on a rencontré, à une profondeur de 2 mètres 5 centimètres (6 pieds 10 pouces), une couche horizontale de ciment romain, s'étendant sur tout l'espace compris entre les murs du caveau auxquels elle adhérait hermétiquement. Cette couche ayant été, à trois heures, complétement découverte, les soussignés commissaires sont descendus dans le caveau, et l'ont reconnu parfaitement intact de toutes parts, et sans lésion aucune. La couche de ciment sus-mentionnée ayant été percée, on s'est assuré qu'elle en couvrait une autre de 27 centimètres (10 pouces) d'épaisseur, en moellons liés ensemble par des tenons de fer, et qui n'ont pu être entièrement enlevés qu'après quatre heures et demie de travail.

« L'extrême difficulté de cette opération a décidé le soussigné commissaire anglais à faire creuser une fosse sur le côté gauche du caveau, et à en abattre le mur correspondant, à l'effet de parvenir ainsi jusqu'au cercueil, dans le cas où la couche supérieure opposerait une trop forte résistance aux efforts tentés simultanément pour la percer. Mais celle-ci se trouvant entièrement enlevée vers huit heures du matin, les travaux du fossé latéral, parvenus à la profondeur de 1 mètre 50 centimètres (5 pieds), furent abandonnés. Immédiatement au-dessous de la couche ainsi démolie, nous avons trouvé une forte dalle ayant 1 mètre 98 centimètres (6 pieds 7 pouces $1/2$) de long, 90 centimètres (3 pieds) de large, et 12 centimètres (5 pouces) d'épaisseur, formant, comme nous en avons acquis la certitude plus tard, le recouvrement du sarcophage intérieur en pierres de taille contenant le cercueil. Cette dalle, parfaitement intacte, était encadrée dans une bordure de moellons et de ciment romain fortement liée aux parois du caveau. Cette dernière maçonnerie ayant été défaite avec soin, et deux boucles ayant été fixées sur la dalle, à neuf heures et demie tout était prêt pour l'ouverture du sarcophage. Alors le docteur Guillard a purifié la tombe au moyen d'aspersions de chlorure, et la dalle a été, par ordre du soussigné commissaire anglais, soulevée à l'aide d'une chèvre, et déposée sur le bord de la tombe. Dès que le cercueil a paru, tous les assistants se sont découverts, M. l'abbé Coquereau a répandu l'eau bénite, et a récité le *De profundis*.

« Les soussignés commissaires sont ensuite descendus pour visiter le cercueil, qu'ils ont trouvé bien conservé, sauf une petite portion de la partie inférieure, laquelle, quoique reposant sur une forte dalle, elle-même appuyée sur des pierres de taille, était légèrement altérée. Quelques précautions sanitaires ayant été de nouveau prises par le chirurgien, un exprès fut alors envoyé à Son Excellence le gouverneur, pour l'informer des progrès de l'opération, et le cercueil a été retiré avec des crochets et des bricoles, et transporté avec soin sous une tente dressée pour le recevoir. A ce moment, M. l'aumônier a fait la levée du corps, conformément aux rites de l'église catholique.

« Les soussignés commissaires sont ensuite descendus dans le sarcophage, qu'ils ont reconnu être dans un état parfait de conservation et entièrement conforme aux descriptions officielles de la sépulture.

« Vers onze heures, le soussigné commissaire français s'était assuré préalablement que Son Excellence le gouverneur avait autorisé l'ouverture des cercueils de l'Empereur. Conformément à des arrangements déjà arrêtés à l'avance, nous avons fait enlever avec précaution le premier cercueil, dans lequel nous avons trouvé un cercueil de plomb en bon état, que nous avons fait placer dans celui qui était envoyé de France. Son Excellence le gouverneur, accompagné de son état-major, le lieutenant Middlemore, aide de camp et secrétaire militaire, et le capitaine Barnes, major de la place, est entré dans la tente pour être présent à l'ouverture des cercueils intérieurs. On a coupé alors et soulevé avec le plus grand soin la partie supérieure du cercueil de plomb, dans lequel on a trouvé un nouveau cercueil de bois, lui-même en très-bon état et répondant aux descriptions et aux souvenirs des personnes présentes qui avaient assisté à la sépulture. Le couvercle du troisième cercueil ayant été enlevé, il s'est présenté une garniture de fer-blanc légèrement oxydée; laquelle, ayant été coupée et retirée, a laissé voir un drap de satin blanc; ce drap a été soulevé avec la plus grande précaution par les mains seules du docteur, et le corps entier de Napoléon a paru. Les traits avaient assez peu souffert pour être immédiatement reconnus. Les divers objets déposés dans le cercueil ont été remarqués dans la position exacte où ils avaient été placés, les mains singulièrement bien conservées, l'uniforme, les ordres, le chapeau fort peu altérés, toute la personne, enfin, semblait attester une inhumation récente. Le corps n'est resté exposé à l'air que pendant les deux minutes au plus nécessaires au chirurgien pour prendre les mesures prescrites par ses instructions, à l'effet de le préserver de toute altération ultérieure.

« Le cercueil en fer-blanc et le premier cercueil en bois ont été immédiatement refermés ainsi que le cercueil en plomb; celui-ci a été ressoudé avec le plus grand soin sous la direction de M. le docteur Guillard, et fortement fixé par des coins dans le nouveau cercueil de plomb envoyé de Paris, lequel a été également soudé hermétiquement. Le nouveau cercueil en ébène a été alors fermé à la clef, qui a été remise au soussigné commissaire français.

« Alors le soussigné commissaire anglais a déclaré au commissaire français que les travaux de l'exhumation étant terminés, il était autorisé par Son Excellence le gouverneur à le prévenir que le cercueil contenant, comme il venait d'être dûment constaté, les restes mortels de Napoléon, serait considéré comme à la disposition du gouvernement français du moment où il aurait atteint le lieu d'embarquement, vers lequel il allait être dirigé sous les ordres personnels de Son Excellence le gouverneur.

« Le soussigné commissaire français a répondu qu'il était chargé d'accepter ce cercueil au nom de son gouvernement, et qu'il était prêt, ainsi que toutes les personnes composant la mission française, à l'accompagner jusqu'au quai de James-Town, où S. A. R. Mgr le prince de Joinville, commandant supérieur de l'expédition, était dans l'intention de se présenter pour le recevoir des mains de S. E. le gouverneur, et le conduire solennellement à bord de la frégate française *la Belle-Poule*, chargée de le ramener en France.

« Le cercueil a été placé sur un char funèbre, recouvert lui-même d'un manteau impérial, présenté par le soussigné commissaire français, et à trois heures et demie de l'après-midi le cortége s'est mis en marche dans l'ordre suivant, sous le commandement de S. E. le gouverneur, auquel une indisposition n'avait pas permis d'assister aux travaux de la nuit:

« Le régiment de milice de Sainte-Hélène, sous les ordres du lieutenant-colonel Leale;

« Le détachement du 91e régiment d'infanterie, commandé par le capitaine Blackwell, la musique de la milice, M. l'abbé Coquereau avec deux enfants de chœur;

« Le char, conduit par un détachement de l'artillerie royale, les coins du drap mortuaire portés par MM. le lieutenant général comte Bertrand, le lieutenant général baron Gourgaud, le baron de Las Cases, et M. Marchand;

« MM. Saint-Denis, Noverraz, Archambauld, Pierron;

« Le soussigné commissaire français conduisant le deuil, ayant à ses côtés MM. les capitaines Guyet et Charner;

«M. Arthur Bertrand, suivi de M. Coursot, ancien serviteur de l'Empereur, MM. le capitaine Doret et le docteur Guillard;

«Les autorités civiles, maritimes et militaires de l'île, d'après leur rang;

«S. E. le gouverneur, accompagné de Son Honneur le grand juge, et du colonel Hobson, membre du conseil;

«Une compagnie d'artillerie royale;

«Les principaux habitants de l'île en grand deuil.

«Pendant toute la marche, les forts ont tiré le canon de minute en minute.

«Parvenu à James-Town, le char a défilé lentement entre deux haies de soldats de la garnison, appuyés, en signe de deuil, sur leurs armes renversées, qui s'étendaient depuis l'entrée de la ville jusqu'au lieu de l'embarquement.

«A cinq heures et demie le cortége est arrivé à l'extrémité du quai. Là, S. A. R. M$^{gr}$ le prince de Joinville, accompagné de son aide de camp, M. le capitaine de vaisseau Hernoux, membre de la Chambre des députés, et entouré des états-majors des trois bâtiments de guerre français, *la Belle-Poule, la Favorite,* et *l'Oreste,* a reçu de S. E. le gouverneur le cercueil impérial, qui a été immédiatement embarqué dans une chaloupe disposée à l'avance pour cette cérémonie, et conduit solennellement à bord de *la Belle-Poule,* par le prince, avec tous les honneurs dus aux souverains.

«En foi de quoi, nous, commissaires sus-dénommés, avons dressé le présent procès-verbal, et l'avons revêtu du cachet de nos armes.

«Fait double entre nous, à Sainte-Hélène, le 15 du mois d'octobre de l'an de grâce 1840.

«L. S. Rohan-Chabot, L. S. Alexander.

«Confirmé : Middlemore. »

## PROCÈS-VERBAL DU CHIRURGIEN-MAJOR DE LA FRÉGATE LA BELLE-POULE.

«Je soussigné Guillard (Remy-Julien), docteur en médecine, chirurgien-major de la frégate *la Belle-Poule,* m'étant rendu, dans la nuit du 14 au 15 octobre 1840, sur l'invitation de M. le comte de Rohan-Chabot, commissaire du Roi, à la vallée du Tombeau, île de Sainte-Hélène, pour assister à l'exhumation des restes de l'Empereur Napoléon, en ai dressé le présent procès-verbal :

«Pendant les premiers travaux, il n'a point été pris de précautions sanitaires; aucune exhâlaison méphitique n'est sortie des terres que l'on remuait, ni du caveau dont on faisait l'ouverture.

«Le caveau ayant été ouvert, j'y suis descendu : au fond était le cercueil de l'Empereur; il reposait sur une large dalle, assise elle-même sur des montants en pierre.

Les planches en acajou qui le formaient avaient encore leur couleur et leur dureté, excepté celles du fond, qui, garnies de velours, présentaient un peu d'altération dans les couches les plus superficielles. On ne voyait alentour aucun corps solide ni liquide. Quant aux parois du caveau, elles n'offraient pas la plus légère dégradation, mais seulement çà et là quelques traces d'humidité.

«M. le commissaire du Roi m'ayant engagé à ouvrir les cercueils intérieurs, j'ai dû les soumettre d'abord à quelques mesures sanitaires; immédiatement après, j'ai procédé à leur ouverture. La caisse extérieure était fermée par de longues vis, il a fallu les couper pour enlever le couvercle; dessous était une caisse en plomb, close de toutes parts, qui enveloppait une autre caisse en acajou parfaitement intacte; venait enfin une quatrième caisse en fer-blanc, dont le couvercle était soudé sur les parois qui se repliaient en dedans. La soudure a été coupée lentement et le couvercle enlevé avec précaution; alors j'ai vu un tissu blanchâtre qui cachait l'intérieur du cercueil, et empêchait d'apercevoir le corps : c'était du satin ouaté, formant une garniture dans l'intérieur de cette caisse. Je l'ai soulevé par une extrémité, et, le roulant sur lui-même des pieds vers la tête, j'ai mis à découvert le corps de Napoléon, que j'ai reconnu aussitôt, tant son corps était bien conservé, tant sa tête avait de vérité dans son expression.

« Quelque chose de blanc qui semblait détaché de la garniture couvrait, comme d'une gaze légère, tout ce que renfermait le cercueil. Le crâne et le front, qui adhéraient fortement au satin, en étaient surtout enduits; on en voyait peu sur le bas de la figure, sur les mains, sur les orteils. Le corps de l'Empereur avait une position aisée; c'était celle qu'on lui avait donnée en le plaçant dans le cercueil : les membres supérieurs étaient allongés, l'avant-bras et la main gauche appuyant sur la cuisse correspondante, les membres inférieurs légèrement fléchis. La tête, un peu élevée, reposait sur un coussin; le crâne volumineux, le front haut et large, se présentaient couverts de téguments jaunâtres, durs et très-adhérents. Tel paraissait aussi le contour des orbites, dont le bord supérieur était garni de sourcils. Sous les paupières se dessinaient les globes oculaires, qui avaient perdu peu de chose de leur volume et de leur forme. Ces paupières, complétement fermées, adhéraient aux parties sous-jacentes, et se présentaient dures sous la pression des doigts; quelques cils se voyaient encore à leur bord libre. Les os propres du nez et les téguments qui les couvrent étaient bien conservés, le tube et les ailes seuls avaient souffert. Les joues étaient bouffies; les téguments de cette partie de la face se faisaient remarquer par leur toucher doux, souple et leur couleur blanche; ceux du menton étaient légèrement bleuâtres : ils empruntaient cette teinte à la barbe qui semblait avoir poussé après la mort. Quant au menton lui-même, il n'offrait point d'altération et conservait encore ce type propre à la figure de Napoléon. Les lèvres amincies étaient écartées; trois dents incisives extrêmement blanches se voyaient sous la lèvre supérieure, qui était un peu relevée à gauche. Les mains ne laissaient rien à désirer; nulle part la plus légère altération. Si les articulations avaient perdu leurs mouvements, la peau semblait avoir conservé cette couleur particulière qui n'appartient qu'à ce qui a vie. Les doigts portaient des ongles longs, adhérents et très-blancs. Les jambes étaient renfermées dans les bottes, mais, par suite de la rupture des fils, les quatre derniers orteils dépassaient de chaque côté. La peau de ces orteils était d'un blanc mat et garnie d'ongles. La région antérieure du thorax était fortement déprimée dans la partie moyenne, les parois du ventre dures et affaissées. Les membres paraissaient avoir conservé leurs formes sous les vêtements qui les couvraient; j'ai pressé le bras gauche, il était dur et avait diminué de volume. Quant aux vêtements, ils se présentaient avec leurs couleurs : ainsi on reconnaissait parfaitement l'uniforme des chasseurs à cheval de la vieille garde au vert foncé de l'habit, au rouge vif des parements; le grand cordon de la Légion d'honneur se dessinant sur le gilet, et la culotte blanche cachée en partie par le petit chapeau qui reposait sur les cuisses. Les épaulettes, la plaque et les deux décorations attachées sur la poitrine, n'avaient plus leur brillant : elles étaient noircies; la couronne d'or de la croix d'officier de la Légion d'honneur seule avait conservé son éclat. Des vases d'argent apparaissaient entre les jambes; un d'eux, surmonté d'une aigle, s'élevait entre les genoux : je le trouvai intact et fermé.

Comme il existait des adhérences assez fortes entre ces vases et les parties voisines qui les couvraient un peu, M. le commissaire du Roi n'a pas cru devoir les déplacer pour les examiner de plus près.

« Tels sont les seuls détails que m'ait permis d'enregistrer, sur les restes mortels de l'Empereur Napoléon, un examen qui n'a duré que deux minutes. Ils sont incomplets, sans doute, mais ils suffisent pour constater un état de conservation plus parfait que je n'étais fondé à l'attendre d'après les circonstances connues de l'autopsie et de l'inhumation. Ce n'est point ici le lieu d'examiner les causes nombreuses qui ont pu arrêter à ce point la décomposition des tissus ; mais nul doute que l'extrême solidité de la maçonnerie du tombeau, et les soins apportés à la confection et à la soudure des cercueils métalliques, n'aient contribué puissamment à produire ce résultat. Quoi qu'il en soit, j'ai dû redouter pour ces restes le contact de l'air atmosphérique, et, convaincu que le meilleur moyen d'en assurer la conservation était de les soustraire à son action destructive, je me suis rendu avec empressement aux invitations de M. le commissaire du Roi, qui demandait que l'on fermât les cercueils.

« J'ai remis à sa place le satin ouaté, après l'avoir légèrement enduit de créosote ; j'ai fait fermer hermétiquement les caisses en bois, et souder avec le plus grand soin les caisses en métal.

« Les restes de l'Empereur Napoléon sont aujourd'hui dans six cercueils :

« 1° Un cercueil en fer-blanc ; — 2° un cercueil en bois d'acajou ; — 3° un cercueil en plomb ; — 4° un second cercueil en plomb, séparé du précédent par de la sciure et des coins de bois ; — 5° un cercueil en bois d'ébène ; — 6° un cercueil en bois de chêne, qui protège le cercueil en ébène.

« Fait à l'île Sainte-Hélène, le 15 du mois d'octobre 1840.

« Signé : Remy Guillard, docteur-médecin.

« Le commissaire du Roi,
« Signé : Ph. de Rohan-Chabot. »

### DÉPART DE SAINTE-HÉLÈNE ET TRAVERSÉE.

Le dimanche 18, à huit heures du matin, l'expédition fait voile pour la France.

Ainsi, Napoléon est sorti de Sainte-Hélène vingt-cinq années, jour pour jour, après son arrivée sur cette terre d'exil : il y était entré le 15 octobre 1815.

Quelques jours après avoir quitté Sainte-Hélène, l'expédition rencontra en mer un navire venant d'Europe, qui lui fit connaître les bruits de guerre qui circulaient à cette époque, et la possibilité d'une collision avec la marine anglaise. Mgr le prince de Joinville convoqua aussitôt les officiers sur *la Belle-Poule* pour délibérer sur un événement aussi grave qu'imprévu.

Ce conseil de guerre ayant exprimé l'avis qu'il fallait, à tout événement, se préparer à une défense énergique, on dut songer à mettre en batterie toutes les pièces que la frégate avait à présenter à l'ennemi. Les chambres provisoires établies dans la batterie furent démolies, et les cloisons, ainsi que tous les meubles élégants qui garnissaient ces chambres, furent jetées à la mer. M<sup>gr</sup> le prince de Joinville s'exécuta le premier, et bientôt la frégate avait en batterie six ou huit bouches à feu de plus.

Le quartier du bord où existaient ces chambres prit aussitôt le nom de Lacédémone : le luxe se trouvait banni pour être remplacé par l'utile.

Du reste, toutes les personnes qui ont à un titre quelconque fait partie de l'expédition de Sainte-Hélène s'accordent à dire que M<sup>gr</sup> le prince de Joinville s'est dignement acquitté de la grande et honorable mission qui lui était confiée. Toutes affirment que, non-seulement le commandant de l'expédition a fait à Sainte-Hélène ce que, Français, il avait à faire pour que la mémoire de l'Empereur reçût tous les honneurs qui lui étaient dus, mais qu'il a, en outre, accompli sa sainte mission avec la tenue solennelle, avec toute la pieuse et sévère dignité que le fils de l'Empereur lui-même, remplissant pareil devoir, aurait pu déployer. Ce commandant avait également compris que le cercueil de l'Empereur ne pouvait tomber aux mains de l'étranger, et, décidé à faire couler son bâtiment plutôt que d'abandonner son précieux dépôt, il avait su faire passer dans le cœur de tous ceux qui l'entouraient la résolution énergique qu'il avait prise contre une éventualité extrême.

## TRANSLATION DE CHERBOURG A PARIS.

Depuis longtemps les immenses préparatifs de la cérémonie nationale étaient commencés ; à l'arrivée de la dépêche, M. le comte Duchâtel, ministre de l'intérieur, s'empresse de donner des ordres pour qu'ils soient achevés dans le plus bref délai.

L'entrée de Napoléon à Paris est fixée au 15 décembre.

Le précieux dépôt part de Cherbourg le 8 au soir. M. le maire de Cherbourg, au nom de cette ville, dépose une branche de laurier d'or sur le cercueil, au moment où il est transbordé sur *la Normandie*. Une salve de *mille coups de canon*, tirée de la digue et des forts, salue le départ de la flottille.

A bord de *la Normandie*, le corps est déposé au milieu du gaillard d'arrière, à l'emplacement de la claire-voie, rasée à sept ou huit pouces au-dessus du niveau du pont. Pendant la traversée de Cherbourg à l'entrée de la Seine, il est recouvert du manteau impérial; l'autel, recouvert en velours brodé en argent, est placé aux pieds du mât d'artimon; quatre aigles en argent sont aux angles de l'autel.

Autour du cercueil sont placés des ifs avec leurs bougies; un dôme plat, soutenu par douze colonnes, le défend contre la pluie et l'humidité; il est entouré d'une tapisserie de velours à franges d'argent; de chaque côté sont suspendues des cassolettes où brûle l'encens; à la tête, une croix dorée, aux pieds, une lampe dorée, et tout autour, d'autres lampes brûlant constamment.

L'expédition se compose, à partir de Cherbourg, de *la Normandie*, portant le catafalque, du bâtiment à vapeur de l'État *le Véloce*, pour faire le salut à l'entrée en Seine, et du bâtiment à vapeur *le Courrier*.

Le 9 au soir, à l'arrivée sur la rade du Havre, *le Véloce* est remplacé par le bateau à vapeur *la Seine*, remorquant un cotre de l'État pour faire le salut au moment du transbordement sur un des bateaux de la haute Seine.

Dans la nuit du 9 au 10, l'expédition venue de Cherbourg mouille au Val-de-la-Haye, à trois lieues au-dessous de Rouen.

Le 10 au matin, paraît la flottille des bateaux à vapeur de la haute Seine, composée des trois *Dorades*, des trois *Étoiles*, de *l'Elbeuvien*, du *Parisien*, de la *Parisienne*, et du *Zampa*.

Le cercueil est alors retiré de *la Normandie*, et placé à bord de *la Dorade*, sous un catafalque de velours violet, décoré d'aigles et d'abeilles d'or.

S. A. R. Mgr le prince de Joinville, et toutes les personnes de l'expédition, s'embarquent sur la nouvelle flottille, qui se met immédiatement en marche.

Dans la matinée du même jour, arrivée à Rouen.

Deux bâtiments, placés au-devant de l'île du Petit-Guay, saluent l'Empereur à son entrée dans le port.

La garde nationale et la garnison, échelonnées sur les deux rives de la Seine, lui rendent les honneurs militaires.

Au milieu du pont suspendu, décoré de drapeaux, de faisceaux, de tentures violettes et d'armes impériales, s'élève un cénotaphe richement brodé.

Au moment où *la Dorade* se présente devant ce cénotaphe, la flottille s'arrête, et l'absoute est dite par le clergé.

L'absoute terminée, de nouveaux honneurs militaires sont rendus au bateau dépositaire des restes de Napoléon.

Enfin, après deux heures de séjour, le cortége flottant se remet en route, pour ne s'arrêter qu'à Pont-de-l'Arche, où il doit passer la nuit.

Le 11 au matin, la flottille quitte Pont-de-l'Arche, et se rend à Vernon.

Le 12, traversée de Vernon à Mantes.

Le 13, de Mantes à Maisons-sur-Seine.

Partout sur la route, les autorités, les gardes nationales et les populations, accourent sur son passage pour rendre à Napoléon les honneurs dus à sa gloire, qui est celle de la France.

En voyant rentrer son héros, la nation semble avoir retrouvé le palladium de la patrie, les saintes reliques de la victoire.

Le 14 au matin, le cercueil est transporté de *la Dorade* sur le bateau impérial arrivé la veille de Paris.

Ce bateau, construit exprès pour la cérémonie, est long de 24 mètres, et large de 8; il est surmonté d'un temple funèbre en boiseries bronzées : ce temple est garni de draperies. Le tapis est en velours violet semé d'abeilles d'or; le plafond en satin blanc orné de broderies d'or. Aux angles du couronnement, quatre aigles dorées soutiennent de longues guirlandes d'immortelles; quatre cariatides dorées décorent l'entrée du temple. Au-dessous est déposé le cercueil de l'Empereur, recouvert du poêle impérial. A l'arrière du bâtiment flottent des trophées de drapeaux où sont inscrits les noms des victoires de Napoléon : ces drapeaux sont entremêlés de lauriers et de palmes. Tout autour du temple règnent des trépieds de forme antique, d'où s'échappent l'encens et les parfums; enfin, des guirlandes d'immortelles s'enlacent autour du bateau, dont l'avant est surmonté d'une immense aigle d'or, qui semble ramener triomphalement son glorieux maître.

Le transbordement terminé, un bateau à vapeur, portant deux cents musiciens dirigés par M. Habeneck, chef d'orchestre de l'Académie royale de musique, vient se placer au devant de la flottille impériale. Ce bateau prend la tête de l'expédition, et, pendant tout le reste de la route, exécute des marches funèbres et des symphonies militaires composées pour cette solennité par MM. Auber, F. Halevy et Adolphe Adam.

Le 14 au soir, l'expédition s'arrête à Courbevoie, dernière station de son itinéraire.

C'est au débarcadère de Courbevoie que Napoléon touchera pour la première fois la terre de France.

Sur le rivage, à gauche du pont de Neuilly, s'élève un temple funèbre servant de débarcadère à la flottille.

A l'extrémité du pont de Neuilly on a construit une magnifique colonne rostrale, et sur le pont même, une statue représentant Notre-Dame de Grâce, devant laquelle les marins de *la Belle-Poule* s'inclinent pour la remercier de leur avoir accordé un noble et glorieux voyage.

Le mardi 15, au point du jour, le cercueil est retiré du bateau impérial par les marins de *la Belle-Poule,* et placé sur le char impérial.

Le char impérial résume toute la pensée de la cérémonie.

Douze statues représentant autant de victoires rapportent triomphalement le cercueil du héros, qui repose sur un immense bouclier. Ces statues sont placées sur un piédestal entouré de quatre faisceaux d'armes et décoré de longues draperies violettes, en étoffe de verre, rehaussées d'abeilles, d'aigles, de foudres et de lauriers en or. Ce piédestal repose lui-même sur un soubassement décoré d'aigles, de couronnes de lauriers, de l'N impérial, et porté sur quatre roues rappelant la forme de celles des chars antiques. Les statues, les trophées, les roues, ainsi que tous les ornements du char, sont entièrement dorés.

A l'arrière du char, sur un trophée de drapeaux, de palmes et de lauriers, sont reproduits les noms glorieux des victoires de Napoléon.

Sur le cercueil, sont déposés la couronne impériale, le sceptre et la main de justice en or rehaussé de pierreries.

Le char est attelé de seize chevaux noirs, disposés en quatre quadriges. Ces seize chevaux sont ornés de panaches blancs, de crinières en plumes blanches flottantes, et entièrement recouverts de caparaçons de drap d'or. Chaque housse est relevée par les armoiries impériales brodées en pierreries et par des aigles, des N et des lauriers émaillés sur les fonds. Seize piqueurs aux livrées impériales conduisent les quadriges; deux piqueurs à cheval les précèdent. La hauteur totale du char est de 10 mètres; sa largeur, de 4 mètres 80 centimètres; sa longueur, de 10 mètres. Il pèse treize mille kilogrammes.

Au moment où le cercueil est placé sur le char, il est salué par une salve de vingt-un coups de canon, et le cortége se met en marche au son des cloches de toutes les églises de Paris, et du bourdon de l'église métropolitaine.

CORTÉGE.

La garde nationale du département de la Seine forme la haie des deux côtés de la route de Neuilly, depuis le pont jusqu'à la barrière de l'Étoile; elle s'étend ensuite, seulement sur le côté droit du passage du cortége, jusqu'à l'esplanade des Invalides, où elle forme de nouveau la haie des deux côtés, jusqu'à la grande grille de l'hôtel.

La haie formée par la troupe de ligne a sa droite à la barrière de l'Étoile, et sa gauche sur le quai d'Orsay.

Au départ de Neuilly, la batterie d'artillerie placée aux abords du pont exécute une salve d'honneur de vingt-un coups de canon.

Le cortége se rend à Paris par le pont de Neuilly, la route de Neuilly, l'Arc de triomphe.

Sur la plate-forme de l'Arc de triomphe, et formant couronnement, l'apothéose de Napoléon, ainsi composée : l'Empereur, vêtu en grand costume impérial, comme au jour de son sacre, se tient debout devant son trône; à ses côtés sont deux figures qui représentent le génie de la Guerre et celui de la Paix. Ce groupe est posé sur un socle d'une grande proportion, orné de guirlandes et de trophées d'armes de toute espèce rappelant les victoires de Napoléon; la plate-forme porte en outre à chaque angle un énorme trépied brûlant en flammes de couleur. Enfin, aux quatre coins du monument, sont deux renommées à cheval, représentant la Gloire et la Grandeur. L'Arc de triomphe est décoré depuis le sommet jusqu'à terre de guirlandes et de festons; il est entouré de mâts et de bannières pavoisés.

A son arrivée devant l'Arc de triomphe, le char est salué de nouveau par une salve de vingt-un coups de canon.

ORDRE DU CORTÉGE.

Au premier coup de canon tiré par l'artillerie établie à Neuilly, le cortége se met en marche dans l'ordre suivant :

La gendarmerie de la Seine, avec trompettes, le colonel en tête.

La garde municipale à cheval, avec étendard et trompettes, le colonel en tête.

Deux escadrons du 7ᵉ de lanciers, avec étendard et musique, le colonel en tête.

Le lieutenant général commandant la place de Paris et son état-major, auquel se joindront les officiers en congé.

Un bataillon d'infanterie de ligne, avec drapeau, sapeurs, tambours et musique, le colonel en tête.

La garde municipale à pied, avec drapeau et tambours, le lieutenant-colonel en tête.

Les sapeurs-pompiers, avec drapeau et tambours, le lieutenant-colonel en tête.
Deux escadrons du 7ᵉ de lanciers, le lieutenant-colonel en tête.
Deux escadrons du 5ᵉ de cuirassiers, avec étendard et musique, le colonel en tête.
Le lieutenant général commandant la division et son état-major.
Les officiers de toutes armes, sans troupe, employés à Paris, au ministère et au dépôt de la guerre.
L'École spéciale et militaire de Saint-Cyr, son état-major en tête.
L'École polytechnique, son état-major en tête.
L'École d'application d'état-major, son état-major en tête.
Un bataillon d'infanterie légère, avec drapeau, sapeurs, tambours et musique, le colonel en tête.
Deux bataillons d'artillerie.
Le détachement du 1ᵉʳ bataillon de chasseurs à pied.
Les sept compagnies du génie cantonnées dans le département de la Seine, formant un bataillon sous les ordres d'un chef de bataillon.
Les quatre compagnies de sous-officiers vétérans.
Deux escadrons du 5ᵉ de cuirassiers, le lieutenant-colonel en tête.
Quatre escadrons de la garde nationale à cheval, avec étendard et musique, le colonel en tête.
Le maréchal commandant supérieur et son état-major.
La 2ᵉ légion de la garde nationale de la banlieue.
La 1ʳᵉ légion de la garde nationale de Paris.
Deux escadrons de la garde nationale à cheval, le lieutenant-colonel en tête.
Un carrosse pour l'aumônier venant de Sainte-Hélène.
Le corps de musique funèbre.
Le cheval de bataille de l'Empereur, portant la selle et le harnachement qui servaient à Napoléon lorsqu'il était premier consul. Cette selle, conservée dans le garde-meuble de la couronne, est en velours amarante brodé d'or; la housse et les chaperons sont brodés avec la même richesse : on y remarque les attributs du commerce, des arts, des sciences, de la guerre, brodés en soie de couleur dans la bordure. Le mors et les étriers sont en vermeil et ciselés; l'œil des étriers est surmonté de deux aigles qui y ont été ajoutées sous l'Empire. Le cheval est recouvert d'un crêpe violet semé d'abeilles d'or.
Les officiers généraux de l'armée de terre qui se trouvent à Paris.
Les officiers généraux et autres de la marine royale.
Un peloton de 24 sous-officiers décorés, pris dans la garde nationale à cheval, dans les corps de cavalerie et de l'artillerie de ligne, et de la garde municipale, sous les ordres d'un capitaine de l'état-major général de la garde nationale.
Un carrosse attelé de quatre chevaux, destiné à la commission de Sainte-Hélène.
Un peloton de 34 sous-officiers décorés, pris dans l'infanterie de la garde natio-

nale, dans l'infanterie de ligne et de la garde municipale, et dans les sapeurs-pompiers, sous les ordres d'un capitaine de l'état-major général de la garde nationale à pied.

Les maréchaux de France.

Les 86 sous-officiers portant les drapeaux des départements, sous les ordres d'un chef d'escadron de la division.

S. A. R. le prince de Joinville et son état-major.

Les 500 marins arrivés avec le corps de l'Empereur. Ce détachement, devant former l'escorte du corps jusqu'à sa remise à l'hôtel royal des Invalides, entoure le char impérial en marchant sur deux files qui s'étendent, de chaque côté, sur toute sa longueur.

Le char funèbre. Deux maréchaux, un amiral et M. le lieutenant général Bertrand, à cheval, portant chacun un cordon d'honneur fixé au poêle impérial.

Les anciens officiers civils et militaires de la maison de l'Empereur.

Les préfets de la Seine et de police, les membres du conseil général, les maires et adjoints de Paris, et des communes rurales qui se joindront au cortége.

Les anciens militaires de la garde impériale qui se présenteront en uniforme, et qui se seront fait reconnaitre; la députation d'Ajaccio; les officiers en retraite en uniforme.

La garde nationale et les troupes de ligne, infanterie, cavalerie et artillerie, qui formeront la haie, suivront immédiatement le cortége, en rompant alternativement de chaque côté.

La marche du cortége est fermée, depuis le pont de Neuilly jusqu'à l'esplanade des Invalides, ainsi qu'il suit :

Un escadron du 1$^{er}$ de dragons, le lieutenant-colonel en tête.

M. le lieutenant général Schneider, commandant la division hors Paris, et son état-major.

M. le maréchal de camp Hecquet, commandant la 4$^e$ brigade d'infanterie hors Paris.

Un bataillon du 35$^e$ de ligne, avec drapeau, sapeurs et musique, le colonel en tête.

Les deux batteries d'artillerie établies à Neuilly.

Un bataillon du 35$^e$ de ligne, le lieutenant-colonel en tête.

M. le maréchal de camp de Lawoëstine, commandant la brigade de cavalerie de Paris.

Deux escadrons du 1$^{er}$ de dragons, avec étendard et musique, le colonel en tête.

DÉCORATION DES CHAMPS-ÉLYSÉES, DE LA PLACE ET DU PONT
DE LA CONCORDE, ET DE L'ESPLANADE DES INVALIDES.

Ce cortége traverse successivement l'*avenue des Champs-Élysées,* décorée dans toute sa longueur de mâts, de bannières e de trophées, et de douze statues représentant des victoires.

La *place et le pont de la Concorde,* décorés de huit statues : LA SAGESSE, par M. Ramus; LA FORCE, par M. Gourdel; LA JUSTICE, par M. Bion; LA GUERRE, par M. Calmels; L'AGRICULTURE, par M. Thérasse; L'ÉLOQUENCE, par M. Fauginet; LES BEAUX-ARTS, par M. Merlieux; LE COMMERCE, par M. Dantan jeune.

A chaque angle du pont de la Concorde est placée une colonne triomphale.

La *place de la Chambre des députés,* dont le perron est orné par une figure de LA FRANCE, statue colossale, exécutée par M. Cortot.

Le *quai d'Orsay et l'esplanade des Invalides.* Sur les côtés de l'esplanade on a élevé d'immenses estrades contenant trente-six mille spectateurs. L'avenue est décorée par trente-deux statues : CLOVIS, par M. Bosio; CHARLES-MARTEL, par M. Debay; PHILIPPE-AUGUSTE, par M. Étex; CHARLES V, par M. Dantan aîné; JEANNE D'ARC, par M. Debay; LOUIS XII, par M. Lanneau; BAYARD, par M. Guillot; LOUIS XIV. par M. Robinet; TURENNE, par M. Toussaint; DUGAY-TROUIN, par M. Bion; HOCHE, par M. Sarnet; LA TOUR D'AUVERGNE, par M. Cavelier; KELLERMANN, par M. Brun; NEY, par M. Garreau; JOURDAN, par M. Dusseigneur; LOBAU, par M. Schez; CHARLEMAGNE, par M. Maindrou; HUGUES-CAPET, par M. Étex; LOUIS IX, par M. Dantan aîné; CHARLES VII, par M. Bion; DU GUESCLIN, par M. Husson; FRANçois I<sup>er</sup>, par M. Lanneau; HENRI IV, par M. Auvray; CONDÉ, par M. Daumas; VAUBAN, par M. Callouet; MARCEAU, par M. Lévêque; DESAIX, par M. Jouffroy; KLÉBER, par M. Simard; LANNES, par M. Klagman; MASSÉNA, par M. Brian; MORTIER, par M. Millet; MACDONALD, par M. Bosio.

Entre les statues de l'esplanade sont des trépieds d'où jaillissent des flammes.

ARRIVÉE DU CHAR, DÉCORATION EXTÉRIEURE ET INTÉRIEURE DES INVALIDES.

Le char impérial s'arrête à la grille de l'hôtel des Invalides.

La grille d'entrée est décorée d'une tenture noire rehaussée d'ornements d'argent et d'or, soutenue par deux colonnes triomphales et par de nombreux faisceaux de lances enrubanés. Deux grands trépieds surmontent les colonnes; à droite et à gauche, sont deux tribunes destinées à l'état-major de l'hôtel royal des Invalides.

La cour d'entrée est disposée en avenue au moyen de riches candélabres portés sur des piédestaux.

Le cercueil est descendu et porté à bras par 36 hommes du détachement de la marine royale, jusqu'au porche élevé dans la cour Napoléon.

La décoration funèbre du porche de la cour Napoléon se compose d'une tenture noire et de broderies d'argent, avec le chiffre de l'Empereur gravé sur des boucliers appendus aux parois. Les armes de l'Empereur surmontent la porte, et sont reproduites également dans un riche plafond d'architecture exécuté en grisaille. Cette cour est entourée d'estrades occupées par plus de six mille assistants; les galeries du bâtiment, toutes tendues de noir, sont réservées pour former les tribunes. Des statues de victoires et des trophées d'armes décorent l'architecture de toute la cour d'honneur.

En avant de l'église on a construit un vaste porche orné de trophées d'armes, et surmonté d'une galerie où se distinguent les portraits en pied des douze maréchaux de l'Empire. A l'entrée de l'église, et à la même hauteur que les orgues, s'élève la tribune destinée à l'orchestre.

Sur les pilastres de la nef sont appliqués des cippes funéraires en l'honneur des célèbres maréchaux et généraux de l'Empire que la mort a frappés à diverses époques. Des trophées d'armes en or surmontent ces cippes funèbres, des drapeaux flottent aux angles des pilastres, des rideaux noirs brodés d'argent ferment les arcades. Une haute litre de velours noir à franges et broderies d'argent couronne cette décoration, de longues guirlandes se déploient au-devant, et servent de soutien à des couronnes de lauriers, où l'on rappelle dans de simples inscriptions les gloires civiles de l'Empereur.

L'antique autel de l'église des Invalides a été enlevé, et l'on peut maintenant apercevoir le dôme et toute l'église. A l'entrée du dôme sont deux immenses trophées.

Dans le dôme, les grandes croisées supérieures sont fermées par des stores en étoffe violette, ornés au centre d'une aigle d'or. Ces douze croisées forment dans leur contour comme la couronne brillante de cette riche décoration.

Au-dessous règne une large litre violette, aux armes impériales, semée d'abeilles d'or et de chiffres. Au-dessous un cordon de lumières formé de torches de cire, portées par un couronnement en sculptures dorées.

A ce couronnement sont suspendues vingt-quatre bannières tricolores, sur lesquelles sont inscrites les plus belles victoires de l'Empereur.

Plus bas, sur les grands arcs du dôme, des guirlandes de lauriers entrelacées.

Au-dessus de l'entablement du premier ordre règne un deuxième cordon de lumières, qui se pourtourne dans toute l'étendue du dôme.

Viennent ensuite, et jusqu'au bas, des tentures en drap ou velours violet, étincelantes d'arabesques, d'abeilles, d'aigles et de chiffres d'or.

Enfin, trois grandes bannières aux armes du Roi flottent au-dessus de cette brillante décoration.

Le catafalque se compose d'un soubassement décoré de trophées; quatre colonnes supportent une coupole dont l'intérieur est décoré de satin blanc; l'extérieur est tout en or.

Le cercueil est placé au milieu d'un dais magnifique, qui, lui-même, est terminé aux quatre angles par des aigles soutenant des guirlandes d'immortelles, et surmonté au sommet par une aigle d'or, qui semble couvrir de ses ailes immenses les restes précieux de son héros.

Le catafalque a 16 mètres de haut; l'aigle porte 3 mètres 30 centimètres d'envergure.

Après l'eau bénite, le cercueil est porté par 36 sous-officiers choisis dans la garde nationale et l'infanterie de ligne.

Mgr le prince de Joinville remet le corps au Roi, qui le confie à la garde de M. le maréchal gouverneur. Le cercueil est immédiatement déposé sous le catafalque.

La cérémonie religieuse a lieu sous le dôme, en présence du Roi entouré de la famille royale et des grands officiers de sa maison.

Assistent à la cérémonie:

Les ministres;

Les pairs;

Les députés;

Le conseil d'État;

La cour de cassation et la cour des comptes;

Le conseil royal de l'instruction publique;

L'Institut, le collége de France, et les doyens des Facultés;

La cour royale;

Les préfets de la Seine et de police, le conseil général de la Seine, le conseil de préfecture, les maires et adjoints de la ville de Paris;

En face des ministres, le maréchal gouverneur, ayant derrière lui son état-major;

Les maréchaux et amiraux de France;

Les évêques et les curés de Paris, en costume, placés autour de M^gr l'archevêque de Paris, près de l'autel;

Aux quatre coins du catafalque, les trois maréchaux de France et l'amiral qui ont tenu le poêle pendant le cortége;

Le lieutenant général Bertrand, auprès de l'épée qu'il a déposée sur une crédence élevée pour la recevoir; à ses côtés, la commission envoyée à Sainte-Hélène;

Dans l'ancien sanctuaire, les états-majors de l'armée, de la garde nationale, de la marine, les tribunaux, les députations des divers corps constitués, l'École polytechnique, etc.;

Dans les diverses tribunes de la nef, les personnes invitées.

Les absoutes sont faites par M^gr l'archevêque de Paris et quatre évêques.

L'orchestre, conduit par M. Habeneck, exécute le *Requiem* de Mozart.

La messe mortuaire est chantée par MM. Duprez, Rubini, Tamburini, Lablache, Chollet, Geraldi, mesdames Grisi, Damoreau, Dorus, Stolz, et les principaux artistes de Paris.

Une heure après la cérémonie, le public est admis à circuler dans l'église. Il en sera de même pendant huit jours.

Le bateau impérial, ainsi que tous les bateaux à vapeur de la flottille, pavoisés de deuil, viennent s'embosser dans la Seine, en face de l'hôtel des Invalides, et exécutent des salves d'artillerie pour répondre aux feux de l'armée de terre.

Huit jours après la cérémonie, le corps sera déposé dans une riche chapelle ardente, située dans le petit dôme latéral de droite.

Il restera ainsi exposé jusqu'à l'achèvement du monument funèbre, qui doit être érigé au point central du dôme, à l'emplacement occupé par le catafalque.

Cette imposante cérémonie funèbre surpasse tout ce qui a été fait dans des circonstances semblables; elle n'a point été jugée au-dessous de la solennité qu'exigeait le grand nom de l'Empereur.

Ordonnée par M. le ministre de l'intérieur, elle a été dirigée par M. Cavé, directeur des beaux-arts.

Les architectes en chef sont MM. Visconti et Labrouste.

L'Administration des pompes funèbres de la ville de Paris a été chargée de l'exécution du *char impérial*, des ornements du *bateau impérial*, et de toutes les tentures, broderies et décorations de l'hôtel des Invalides.

M. Charles Baudouin a été chargé, par une mission spéciale de M. le ministre de l'intérieur, de diriger tout le cérémonial funèbre.

M. Blouet, architecte, a composé et fait exécuter les décorations et le groupe statuaire de l'Arc de triomphe.

Les peintures des décorations de Neuilly sont de MM. Philastre et Cambon;

Les peintures des décorations de l'esplanade et des cours des Invalides, de MM. Feuchères et Séchan.

Les peintures historiques de l'église sont de M. Gosset.

M. Félix Martin, architecte des pompes funèbres, a composé les dessins du cercueil, et dirigé l'exécution de tous les objets d'art et de tentures relatives au deuil.

Les bronzes du cercueil impérial sont de M. Quesnel, fondeur.

Pour consacrer le souvenir de cette cérémonie nationale, le ministre de l'intérieur a commandé deux médailles : l'une à M. Galle, relative à la translation de la dépouille de l'Empereur de Sainte-Hélène à Paris ; l'autre à M. Barre père, relative au monument qui sera élevé à Napoléon.

Nous devons faire remarquer l'utile direction donnée aux travaux de cette solennité par le ministère de l'intérieur. Les dépenses faites ont été ordonnées avec la pensée, non-seulement de rappeler les gloires de la France et d'encourager les beaux-arts, mais encore de faire l'essai de plusieurs projets de décorations pour les monuments de la capitale.

www.ingramcontent.com/pod-product-compliance
Lightning Source LLC
Chambersburg PA
CBHW060511050426
42451CB00009B/920